LA GRAN EXPANSIÓN HACIA EL OESTE

Katelyn Rice y Torrey Maloof

Asesores

Vanessa Ann Gunther, Ph.D.
Departamento de Historia
Universidad Chapman

Nicholas Baker, Ed.D.
Supervisor de currículo e instrucción
Distrito Escolar Colonial, DE

Katie Blomquist, Ed.S.
Escuelas Públicas del Condado de Fairfax

Créditos de publicación

Rachelle Cracchiolo, M.S.Ed., *Editora comercial*
Conni Medina, M.A.Ed., *Redactora jefa*
Emily R. Smith, M.A.Ed., *Realizadora de la serie*
Diana Kenney, M.A.Ed., NBCT, *Directora de contenido*
Caroline Gasca, M.S.Ed., *Editora superior*
Courtney Patterson, *Diseñadora gráfica superior*
Lynette Ordoñez, *Editora*
Sam Morales, M.A., *Editor asociado*
Jill Malcolm, *Diseñadora gráfica básica*

Créditos de imágenes: portada y pág.1 Washington University, St. Louis, USA/Bridgeman Images; págs.3, 17, 26 Granger, NYC; págs.11, 14–15 Sarin Images/Granger, NYC; págs.4, 9, 16, 19, 31 North Wind Picture Archives; pág.5 American Museum of Western Art - The Anschutz Collection, Denver, Colorado, USA/Bridgeman Images; pág.7 Service Historique de la Marine, Vincennes, France/Bridgeman Images; pág.12 (izquierda) Everett Collection/Newscom, (derecha) World History Archive/Newscom; pág.14 NARA [306420]; págs.20–21 Battle of San Jacinto: Accession ID: CHA 1989.080; cortesía de State Preservation Board, Austin, TX; artista original: McArdle, Henry A./1836-1908; fotógrafo: Perry Huston, 8/3/94, posconservación; pág.22 Wikimedia Commons/ Dominio público; pág.27 (superior) LOC [LC-DIG-ppmsca-09855], (inferior) Dominio público; pág.28 Bridgeman Images; pág.32 LOC [LC-DIG-ppmsca-09855]; todas las demás imágenes cortesía de iStock y/o Shutterstock.

Library of Congress Cataloging-in-Publication Data

Names: Rice, Katelyn, author. | Maloof, Torrey, author.
Title: La gran expansión hacia el oeste / Katelyn Rice y Torrey Maloof.
Other titles: Great leap westward. Spanish
Description: Huntington Beach : Teacher Created Materials, 2020. |
  Audience: Grade 4 to 6. | Summary: "The 1800s was a century of discovery
  and expansion in the United States. The country grew in size through
  battles, negotiations, and large land purchases. In less than 70 years,
  the small east coast nation spread westward to reach the Pacific. And it
  was all in the name of Manifest Destiny"-- Provided by publisher.
Identifiers: LCCN 2019014774 (print) | LCCN 2019980542 (ebook) | ISBN
  9780743913683 (paperback) | ISBN 9780743913690 (ebook)
Subjects: LCSH: United States--Territorial expansion--Juvenile literature.
  | Frontier and pioneer life--United States--Juvenile literature. |
  Frontier and pioneer life--West (U.S.)--Juvenile literature. | West
  (U.S.)--Discovery and exploration--Juvenile literature. | West
  (U.S.)--History--To 1848--Juvenile literature. | West
  (U.S.)--History--1848-1860--Juvenile literature.
Classification: LCC E179.5 .R52518 2020 (print) | LCC E179.5 (ebook) |
  DDC 973.5--dc23
LC record available at https://lccn.loc.gov/2019014774
LC ebook record available at https://lccn.loc.gov/2019980542

Teacher Created Materials

5301 Oceanus Drive
Huntington Beach, CA 92649-1030
www.tcmpub.com

ISBN 978-0-7439-1368-3

© 2020 Teacher Created Materials, Inc.
Printed in China
Nordica.102019.CA21901929

Contenido

Una nación que crece

"Estaba expuesto continuamente al peligro y la muerte". Así es como Daniel Boone describió las tierras ubicadas cerca del río Ohio en la década de 1770. Esas tierras luego se convertirían en el estado de Kentucky. Boone era un **pionero**. Era robusto y le encantaba la naturaleza. Arriesgó su vida para explorar el Oeste. En la época de Boone, la **frontera** del Oeste estaba habitada por varias tribus. Los **colonos** blancos creían que era un lugar peligroso. Se cree que las historias de Boone son una combinación de realidad y ficción. Aun así, nos permiten vislumbrar cómo era la vida en la frontera.

frontera inexplorada

13 estados originales

Daniel Boone

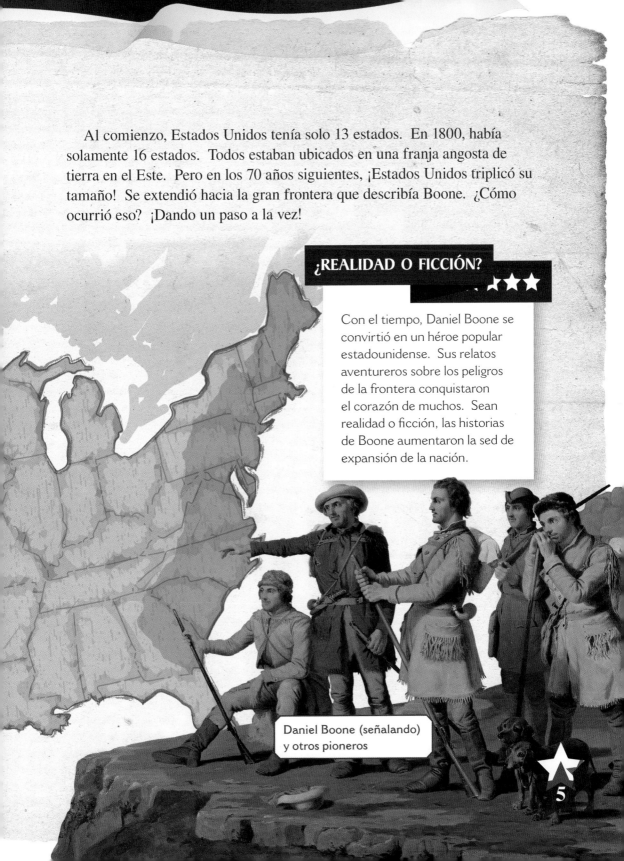

Al comienzo, Estados Unidos tenía solo 13 estados. En 1800, había solamente 16 estados. Todos estaban ubicados en una franja angosta de tierra en el Este. Pero en los 70 años siguientes, ¡Estados Unidos triplicó su tamaño! Se extendió hacia la gran frontera que describía Boone. ¿Cómo ocurrió eso? ¡Dando un paso a la vez!

¿REALIDAD O FICCIÓN? ★★★

Con el tiempo, Daniel Boone se convirtió en un héroe popular estadounidense. Sus relatos aventureros sobre los peligros de la frontera conquistaron el corazón de muchos. Sean realidad o ficción, las historias de Boone aumentaron la sed de expansión de la nación.

Daniel Boone (señalando) y otros pioneros

La gran compra

Estados Unidos adquiría nuevas tierras de todas las formas que podía. A veces, ganaba las tierras en guerras. Otras veces, las tomaba por la fuerza. En algunos casos se hicieron acuerdos políticos. Y en otros, el gobierno simplemente compró las tierras. Eso es lo que sucedió con la Compra de Luisiana.

¡NO SE CONFUNDAN!

Cuando la gente piensa en el Territorio de Luisiana, a veces piensan en el estado de Luisiana. Pero el territorio era mucho más grande que un solo estado. Con el tiempo, terminó abarcando 15 estados diferentes, ya sea completos o en parte.

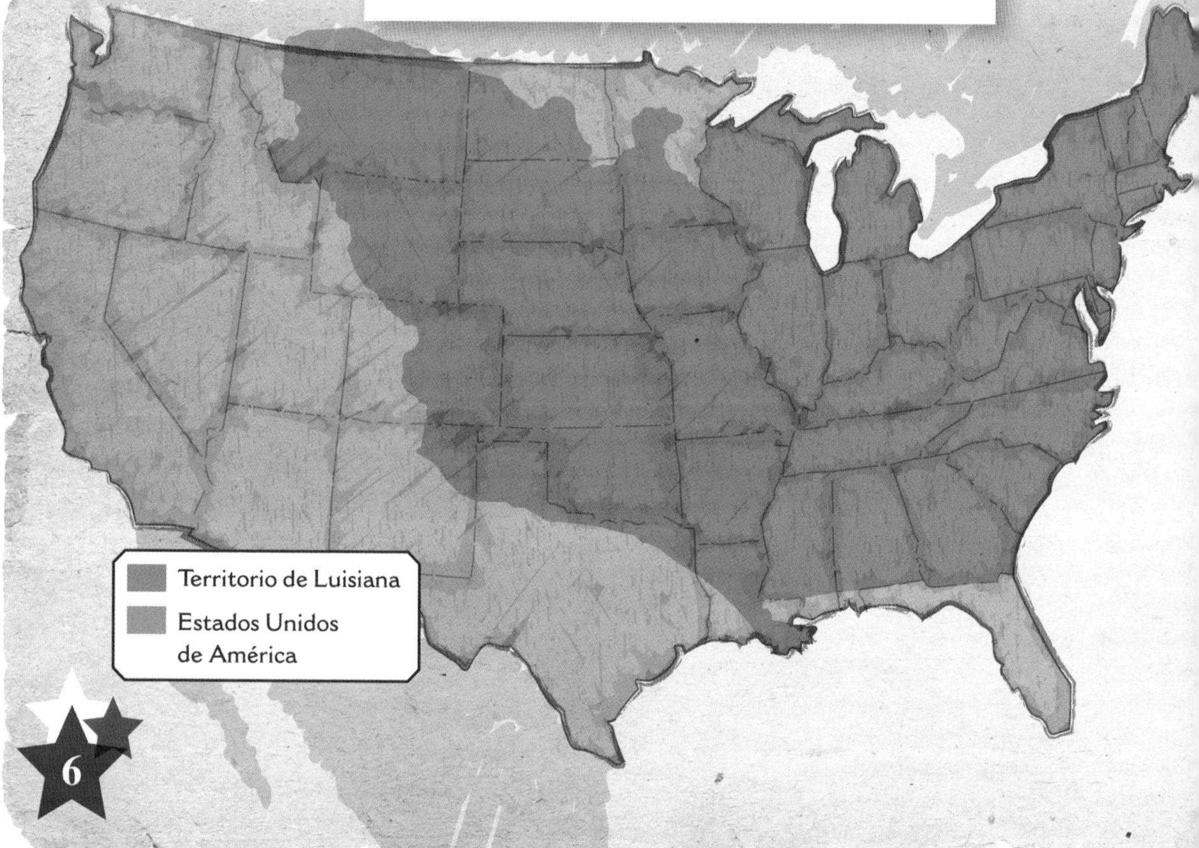

Territorio de Luisiana

Estados Unidos de América

Exploradores franceses hablan con una tribu indígena.

Luis XIV

Mucho antes de que Estados Unidos fuera un país independiente, un grupo de exploradores franceses llegaron al **continente**. Querían explorar el **Nuevo Mundo**. En 1682, reclamaron una enorme porción de tierra. Ese territorio empezaba en el golfo de México y se extendía hacia el norte. Los franceses lo nombraron Luisiana en honor a su rey, Luis XIV.

En ese entonces, se creía que la gran extensión de tierra no valía mucho. Por lo tanto, el rey de Francia **cedió** Luisiana a España. España había ayudado a Francia en la guerra de los Siete Años contra Gran Bretaña. Pero en 1800, Napoleón Bonaparte, el nuevo líder de Francia, intercambió otras tierras europeas con España para recuperar Luisiana. Francia quería volver a controlar tierras en América del Norte.

Cuando Francia recuperó el control de Luisiana, enfureció a muchos estadounidenses. España había acordado permitir a los estadounidenses utilizar el río Misisipi durante tres años. Pero cuando se venció el **tratado**, Francia no lo renovó. El río era vital. Muchos comerciantes lo usaban para enviar mercancías al sur. Sin el río, les resultaría difícil transportarlas. Francia además dijo que los estadounidenses no podían almacenar sus mercancías en Nueva Orleans. Nueva Orleans era una ciudad importante. ¡Tenía el **puerto** más transitado!

En 1801, Thomas Jefferson asumió como presidente. Estaba preocupado. Creía que Francia iba a enviar tropas a Luisiana. Jefferson no quería entrar en guerra con Francia. Entonces, se le ocurrió una idea.

UN LÍDER PODEROSO

Napoleón Bonaparte era un **dictador**. Gobernaba con autoridad absoluta. Napoleón quería controlar todo el mundo. Pero al final, presionó demasiado a sus tropas. En 1814, su ejército fue derrotado.

Napoleón Bonaparte

río Misisipi

Un barco de vapor cargado con balas de algodón navega por un río.

9

Jefferson hace un trato

Jefferson creía que podía resolver el problema que Estados Unidos tenía con Francia si compraba Nueva Orleans. Entonces, envió a dos **diplomáticos** a Francia a **negociar** un trato. Cuando llegaron, los hombres se encontraron con una sorpresa. Francia no solo estaba dispuesta a vender Nueva Orleans: ¡quería vender todo el Territorio de Luisiana!

Al principio, los hombres no sabían qué hacer. No tenían forma de comunicarse con el presidente. ¿Debían hacer un trato? ¿Estaba bien comprar todo ese territorio? Ofrecieron a Francia $8 millones. Francia dijo que quería $15 millones. Después de varias conversaciones, los estadounidenses aceptaron. El 2 de mayo de 1803, firmaron la Compra de Luisiana.

Jefferson estaba encantado. ¡Estados Unidos había duplicado su tamaño! Jefferson envió a Meriwether Lewis y William Clark a explorar las nuevas tierras. Lewis y Clark viajaron con su equipo hasta el océano Pacífico. Cuando volvieron, contaron todo lo que habían visto. Enseñaron a los estadounidenses lo que aprendieron acerca de las nuevas tierras del Oeste.

la expedición de Lewis y Clark

Diplomáticos negocian la Compra de Luisiana en Francia.

¿POR QUÉ VENDER TODO?

★★★★★

Napoleón tenía dos motivos importantes para vender todas esas tierras. Necesitaba dinero para financiar sus guerras. Además, no quería que los estadounidenses se pusieran del lado de los británicos y en contra de Francia.

El gran anuncio

España controlaba muchas de las tierras que estaban al sur de Estados Unidos. Los españoles habían conquistado el actual territorio de México y gran parte de América Central y América del Sur. Pero en 1821, la mayoría de esos países ya se habían independizado. Los estadounidenses querían comerciar con las nuevas naciones y ayudarlas. Sabían lo difícil que era comenzar un nuevo país.

Los británicos también querían comerciar con los nuevos países. Pero temían que otras naciones europeas intentaran controlar la región. Si ocurría eso, los británicos no podrían comerciar. En 1823, las autoridades británicas escribieron una carta a Estados Unidos. En ella, decían que los dos países debían unirse. Esperaban que eso sirviera de advertencia para que otros países no se involucraran.

James Monroe era el presidente en ese momento. Habló con muchos líderes y les pidió consejos. A Thomas Jefferson y James Madison les gustaba el plan de los británicos. Pero John Quincy Adams no estaba seguro. Pensaba que Estados Unidos debía tener su propia política, independiente de los británicos. Después de escuchar los distintos puntos de vista, Monroe ideó su propio plan.

James Monroe

John Quincy Adams

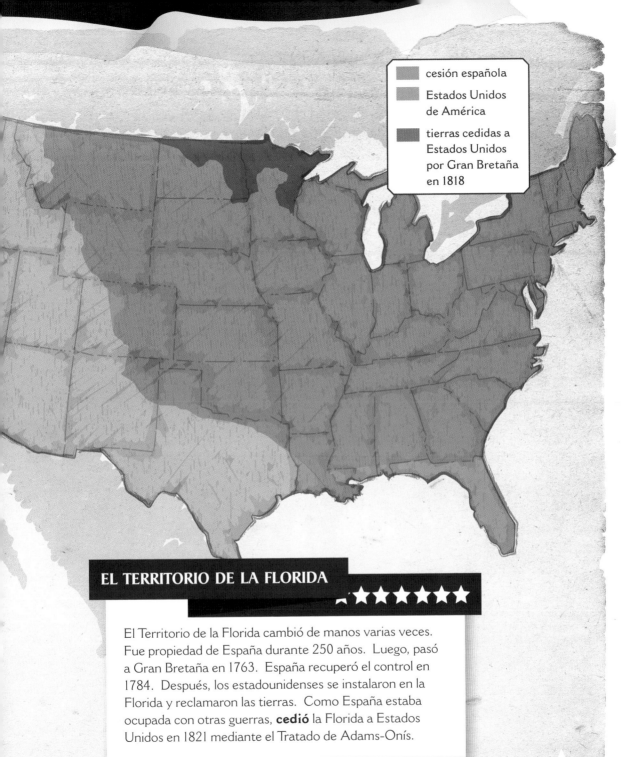

cesión española

Estados Unidos de América

tierras cedidas a Estados Unidos por Gran Bretaña en 1818

EL TERRITORIO DE LA FLORIDA

★★★★★★★

El Territorio de la Florida cambió de manos varias veces. Fue propiedad de España durante 250 años. Luego, pasó a Gran Bretaña en 1763. España recuperó el control en 1784. Después, los estadounidenses se instalaron en la Florida y reclamaron las tierras. Como España estaba ocupada con otras guerras, **cedió** la Florida a Estados Unidos en 1821 mediante el Tratado de Adams-Onís.

Monroe hizo su propio anuncio. Era un anuncio importante. Había ideado una política nueva y audaz que se conoció como la **doctrina** Monroe. La doctrina tenía cuatro puntos principales. Primero, decía que Estados Unidos no se involucraría en los asuntos europeos. Luego, decía que Estados Unidos no interferiría con las colonias existentes en el Nuevo Mundo. También decía que ya no se podría colonizar el Nuevo Mundo en el futuro. Por último, decía que, si algún país europeo intentaba controlar una nación del Nuevo Mundo, se interpretaría como una amenaza contra Estados Unidos. Era una gran declaración para un país joven.

la doctrina Monroe

Monroe decía que Estados Unidos se había mantenido al margen de los asuntos europeos. No había participado en ninguna guerra en el pasado. Solo entraba en guerra cuando se veían amenazados los derechos y las libertades de los estadounidenses. Monroe creía que era una buena política y dijo que continuaría. De esa manera, Estados Unidos le decía al mundo que podía protegerse. Y también podía proteger a sus vecinos. Esta doctrina sentó las bases para lidiar con otras naciones en el futuro. Estados Unidos la usaría y citaría durante años.

James Monroe y otros líderes hablan sobre la doctrina Monroe.

PRINCIPIOS SÓLIDOS

★★★★★★

La mayoría de las naciones europeas no prestaron atención a la doctrina Monroe. Pero, con el tiempo, esa doctrina se convirtió en uno de los documentos más importantes de la historia estadounidense. Los principios de la doctrina Monroe fueron citados por muchos presidentes después de Monroe, como James Polk, Grover Cleveland, Theodore Roosevelt, Woodrow Wilson, John F. Kennedy y Ronald Reagan.

El Territorio de Texas

El Territorio de Texas cambió de manos muchas veces. España y Francia reclamaron tierras allí. En 1821, los habitantes del área se liberaron de España. Fundaron una nación llamada México. En aquel entonces, México era más grande que Estados Unidos.

Sin embargo, México necesitaba ayuda. Se necesitaban más personas en la parte norte del país. Esta área se conocía como Tejas o Texas. Las autoridades del gobierno mexicano querían que se poblaran esas tierras. También esperaban que los nuevos pobladores ayudaran a defender la nación. Entonces, invitaron a los estadounidenses a mudarse a Texas. Los estadounidenses llegaron de a miles. Les gustaba la idea de tener nuevas tierras. Creían que podrían ganar dinero allí. Muchos lo tomaban como una aventura. A principios de la década de 1830, ya había más estadounidenses que mexicanos en Texas. Eso comenzó a causar muchos problemas cuando Santa Anna asumió como presidente en 1832.

CON USTEDES, EL PRESIDENTE

★★★★★

En 1832, Antonio López de Santa Anna asumió como presidente de México. Era un gobernante brutal que imponía castigos severos y acumulaba mucho poder. Santa Anna se llamó a sí mismo el Napoleón de Occidente. Puso nerviosos a muchos estadounidenses.

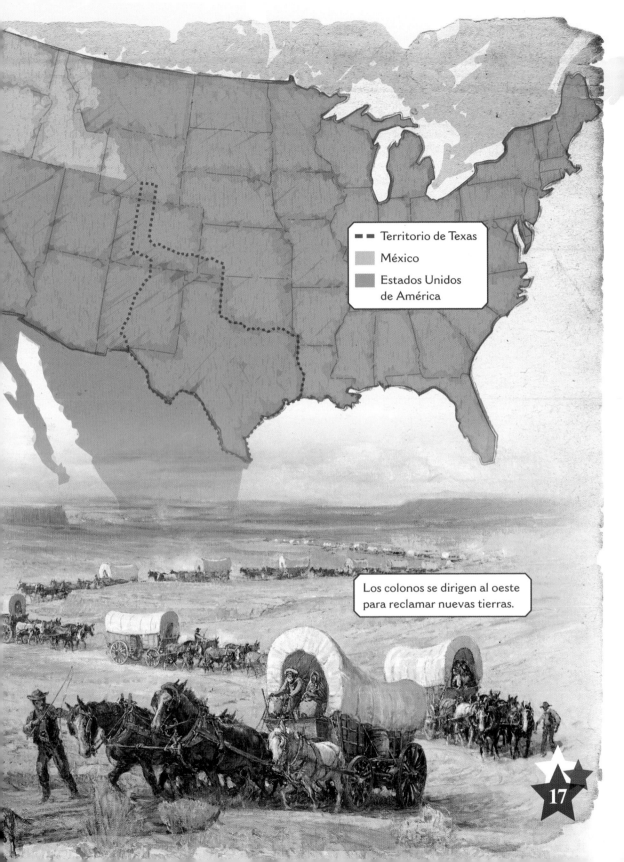

Territorio de Texas
México
Estados Unidos
de América

Los colonos se dirigen al oeste para reclamar nuevas tierras.

La Revolución de Texas

Los gobernantes mexicanos esperaban que los texanos siguieran sus leyes. Primero, los texanos debían hacerse ciudadanos mexicanos. También debían convertirse al **catolicismo**. Y no se les permitía tener personas esclavizadas. Pero muchos texanos no obedecían esas normas. Eso enfureció a Santa Anna.

En 1836, los texanos dijeron que ya no querían ser parte de México. Fundarían un nuevo país llamado la República de Texas. Cuando Santa Anna se enteró, envió tropas. En San Antonio, 7,000 soldados mexicanos rodearon un **fuerte** llamado El Álamo. Adentro había un grupo de unos 180 texanos. Había hombres, mujeres y niños. Los texanos sabían que los mexicanos los superaban en número. Sin embargo, se negaron a darse por vencidos. Resistieron durante 13 días. Pero el 6 de marzo se quedaron sin **municiones**. Los mexicanos asaltaron el fuerte y mataron a casi todos los que estaban adentro. Sobrevivieron menos de 20 personas. El Álamo había caído. Pero la guerra no había terminado.

El Álamo en la actualidad

Soldados mexicanos atacan El Álamo.

RECUERDEN EL ÁLAMO

★★★★★★★

Los texanos estaban furiosos por lo que había ocurrido en El Álamo. Pensaban que los mexicanos tendrían que haber tomado prisioneros en vez de matar a todos. Los soldados texanos empezaron a decir "¡Recuerden El Álamo!" para inspirar a los demás a pelear.

La batalla de El Álamo inspiró a los texanos. Los texanos se negaron a darse por vencidos. Siguieron peleando por su independencia. Un hombre llamado Sam Houston encabezó un grupo de 800 texanos para dar batalla. El 21 de abril de 1836, llegaron a la ciudad de San Jacinto. Unos 1,200 soldados mexicanos descansaban allí. Houston y sus hombres atacaron. En menos de 20 minutos, capturaron o mataron a todos los soldados. También capturaron a Santa Anna. Lo tomaron prisionero. Santa Anna aceptó otorgar a Texas su independencia si le perdonaban la vida. Los texanos aceptaron el trato. Así terminó la Revolución de Texas.

la batalla de San Jacinto

La guerra entre México y Estados Unidos

Después de la guerra, las dos partes empezaron a discutir. No se ponían de acuerdo sobre la frontera. Los mexicanos decían que la frontera era el río Nueces. Los texanos decían que les pertenecían todas las tierras hasta el río Bravo. Con esta frontera, ¡Texas tendría el doble de tamaño! Cuando llegó el momento de incluir a Texas como estado, las tensiones llegaron al máximo.

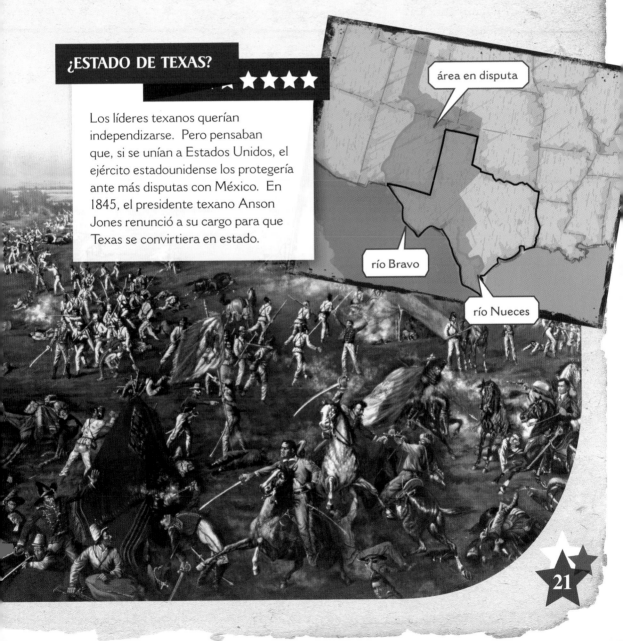

¿ESTADO DE TEXAS?

Los líderes texanos querían independizarse. Pero pensaban que, si se unían a Estados Unidos, el ejército estadounidense los protegería ante más disputas con México. En 1845, el presidente texano Anson Jones renunció a su cargo para que Texas se convirtiera en estado.

área en disputa

río Bravo

río Nueces

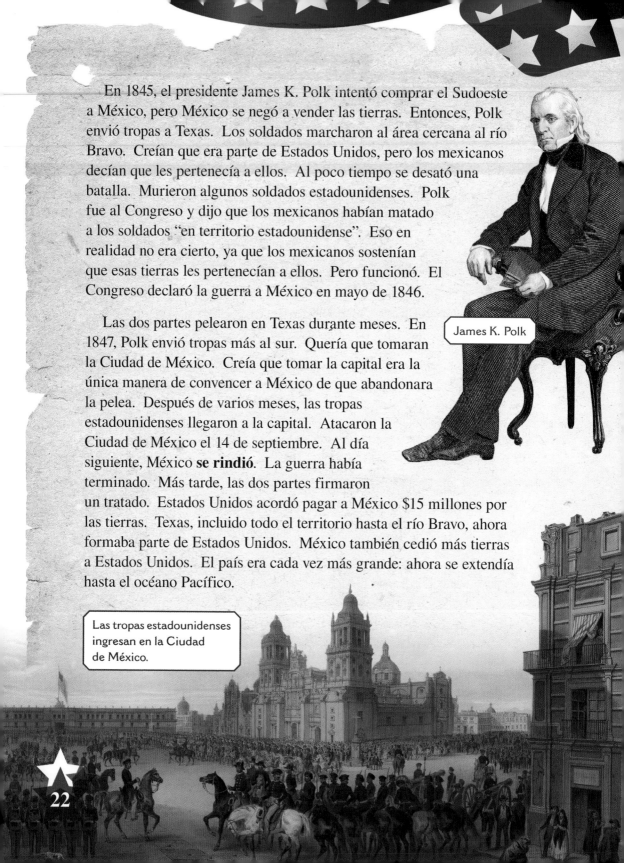

En 1845, el presidente James K. Polk intentó comprar el Sudoeste a México, pero México se negó a vender las tierras. Entonces, Polk envió tropas a Texas. Los soldados marcharon al área cercana al río Bravo. Creían que era parte de Estados Unidos, pero los mexicanos decían que les pertenecía a ellos. Al poco tiempo se desató una batalla. Murieron algunos soldados estadounidenses. Polk fue al Congreso y dijo que los mexicanos habían matado a los soldados "en territorio estadounidense". Eso en realidad no era cierto, ya que los mexicanos sostenían que esas tierras les pertenecían a ellos. Pero funcionó. El Congreso declaró la guerra a México en mayo de 1846.

Las dos partes pelearon en Texas durante meses. En 1847, Polk envió tropas más al sur. Quería que tomaran la Ciudad de México. Creía que tomar la capital era la única manera de convencer a México de que abandonara la pelea. Después de varios meses, las tropas estadounidenses llegaron a la capital. Atacaron la Ciudad de México el 14 de septiembre. Al día siguiente, México **se rindió**. La guerra había terminado. Más tarde, las dos partes firmaron un tratado. Estados Unidos acordó pagar a México $15 millones por las tierras. Texas, incluido todo el territorio hasta el río Bravo, ahora formaba parte de Estados Unidos. México también cedió más tierras a Estados Unidos. El país era cada vez más grande: ahora se extendía hasta el océano Pacífico.

James K. Polk

Las tropas estadounidenses ingresan en la Ciudad de México.

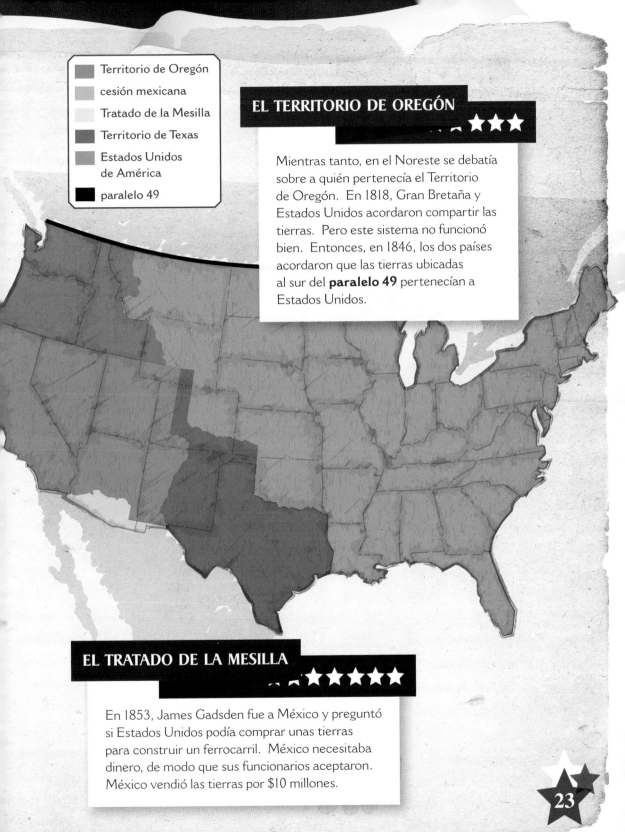

Leyenda del mapa:

- Territorio de Oregón
- cesión mexicana
- Tratado de la Mesilla
- Territorio de Texas
- Estados Unidos de América
- paralelo 49

EL TERRITORIO DE OREGÓN ★★★

Mientras tanto, en el Noreste se debatía sobre a quién pertenecía el Territorio de Oregón. En 1818, Gran Bretaña y Estados Unidos acordaron compartir las tierras. Pero este sistema no funcionó bien. Entonces, en 1846, los dos países acordaron que las tierras ubicadas al sur del **paralelo 49** pertenecían a Estados Unidos.

EL TRATADO DE LA MESILLA ★★★★★★

En 1853, James Gadsden fue a México y preguntó si Estados Unidos podía comprar unas tierras para construir un ferrocarril. México necesitaba dinero, de modo que sus funcionarios aceptaron. México vendió las tierras por $10 millones.

La última frontera

En la década de 1860, Estados Unidos ya se extendía de costa a costa. Parecía que había crecido todo lo que podía. Pero había una última frontera que el país quería conquistar.

El Territorio de Alaska era una enorme extensión de tierra que Rusia controlaba desde el siglo XVIII. Aunque el territorio era grande, durante muchos años se creyó que tenía poco valor. El terreno era frío y escarpado. Las condiciones del tiempo eran severas. Además, era difícil defender esas tierras. Sin embargo, el secretario de Estado William Seward las quería. Deseaba que la nación siguiera creciendo.

William Seward

Después de la guerra de Secesión, Seward logró un acuerdo. Estados Unidos pagaría a Rusia $7.2 millones por las tierras. Eso equivale a unos 2¢ por acre. Las autoridades rusas aceptaron. En 1867, Estados Unidos compró las tierras.

Al principio, la gente se burló del acuerdo de Seward. Pensaban que era una pérdida total de dinero. Lo llamaban "el **disparate** de Seward". Pero en 1896, se descubrió oro en Alaska. El territorio también tenía otros **recursos naturales**. Había carbón y cobre. Había petróleo y madera. ¡Alaska resultó valer miles de millones de dólares!

cheque del Tesoro de Estados Unidos por la compra de Alaska

contrato en ruso de la compra de Alaska

El destino manifiesto

No fue ninguna sorpresa que Estados Unidos creciera tras ganar su independencia. Lo que sorprendió fue la rapidez con que crecía. Durante el siglo XIX, la expansión fue rápida. Los colonos se fueron a vivir al Oeste. Las nuevas tierras se convirtieron en estados.

En 1845, la expansión hacia el Oeste tuvo otro gran impulso. El editor de una revista, llamado John O'Sullivan, escribió un artículo sobre el país. Creía que Estados Unidos era especial. Decía que Estados Unidos tenía el derecho divino de controlar el continente. Creía que era el destino de la nación. Llamó a esta idea el "destino manifiesto". Había quienes no estaban de acuerdo con él. Pensaban que estaba equivocado. Al fin y al cabo, ya había otras personas viviendo en el Oeste. Pero muchos pensaban que O'Sullivan estaba en lo cierto. También coincidían con él los gobernantes del país. Cuando se escribió el artículo de O'Sullivan, solo había 27 estados. En 1890, ¡los estados ya eran 42! Estados Unidos había comenzado como una nación nueva y pequeña. Pero a fines del siglo XIX, era una de las naciones más grandes y poderosas del mundo. Y todo se hizo en nombre del destino manifiesto.

LA OTRA CARA DE LA MONEDA

★★★★★★★

El destino manifiesto no tomaba en cuenta a los afroamericanos ni a los estadounidenses de origen asiático. Los hispanos y las mujeres también quedaron afuera. Por el destino manifiesto, se obligó a los indígenas a abandonar sus tierras, como se muestra abajo. Hoy en día, se tiene una perspectiva muy diferente del destino manifiesto comparada con la de aquel entonces.

Esta pintura de 1872, de John Gast, muestra actitudes estadounidenses respecto del destino manifiesto.

En este artículo de 1839, O'Sullivan escribe sobre el destino manifiesto antes de que se acuñe el término.

1839.]   *The Great Nation of Futurity.*   427

his view over the past history of the monarchies and aristocracies of antiquity, and not deplore that they ever existed ? What philanthropist can contemplate the oppressions, the cruelties, and injustice inflicted by them on the masses of mankind, and not turn with moral horror from the respect ?

America is destined for better deeds. It is our unparalleled glory that we have no reminiscences of battle fields, but in defence of humanity, of the oppressed of all nations, of the rights of conscience, the rights of personal enfranchisement. Our annals describe no scenes of horrid carnage, where men were led on by hundreds of thousands to slay one another, dupes and victims to emperors, kings, nobles, demons in the human for w called heroes. We have had patriots to defend our homes, our libert but no aspirants to crowns or thrones ; nor have the American people suffered themselves to be led on by wicked ambition to depopula land, to spread desolation far and wide, that a human being mig placed on a seat of supremacy.

We have no interest in the scenes of antiquity, only as lessons of avoidance of nearly all their examples. The expansive future is our arena, and for our history. We are entering on its untrodden space, with the truths of God in our minds, beneficent objects in our he a clear conscience unsullied b

27

¡Haz un videoblog!

Imagina que puedes viajar al pasado y vivir en una de las fronteras que se mencionan en este libro. ¿Qué lugar elegirías? ¿Explorarías el Territorio de Luisiana? ¿Construirías una nueva ciudad en Texas u Oregón? ¿O harías frente a las severas condiciones del tiempo de Alaska? ¿Por qué elegirías esa frontera? Crea un videoblog en el que expliques tu decisión.

Glosario

catolicismo: religión relacionada con la Iglesia católica romana

cedió: entregó el control de algo a otro grupo o gobierno

colonos: personas que se establecen en un nuevo lugar

continente: una de las siete grandes masas de tierra del planeta

dictador: una persona que gobierna un país con autoridad absoluta y, generalmente, con crueldad

diplomáticos: personas que representan al gobierno de su país mientras están en otro país

disparate: una idea ridícula

doctrina: una declaración de la política de gobierno

frontera: en el Oeste de Estados Unidos, un área donde viven pocas personas

fuerte: una edificación o un lugar resistente donde viven soldados

municiones: balas y proyectiles que se disparan con armas de fuego

negociar: discutir algo formalmente para llegar a un acuerdo

Nuevo Mundo: el hemisferio occidental del mundo; en especial, América del Norte, América Central y América del Sur

paralelo 49: la frontera al sur de la cual se encuentra la mayor parte de Estados Unidos y que designa una línea de latitud

pionero: una persona que explora y se instala en un lugar nuevo

puerto: un lugar en la costa o en las orillas de un río donde los barcos cargan y descargan bienes

recursos naturales: materiales que se encuentran en la naturaleza y que se pueden utilizar para obtener una ganancia económica

se rindió: aceptó dejar de luchar porque sabía que no podía ganar

tratado: un acuerdo formal entre dos o más países o grupos

Índice

¡Tu turno!

El progreso estadounidense

Estados Unidos creció muchísimo durante el siglo XIX. La gente iba al Oeste en busca de nuevas tierras y oportunidades. Lamentablemente, esto solía ocurrir a expensas de los indígenas y otros grupos. John Gast hizo esta pintura en 1872. La tituló *El progreso estadounidense*. Observa atentamente las personas y los elementos de esta pintura. La mujer del centro representa a Estados Unidos. ¿Qué crees que pensaba Gast acerca del destino manifiesto? ¿Qué crees que pensaba de los colonos estadounidenses en comparación con los indígenas norteamericanos? ¿Qué habrá querido transmitir con esta pintura? ¿Cómo lo sabes? Escribe un párrafo para explicar tu razonamiento.